Holde Kreul

Ich und meine Gefühle

Emotionale Entwicklung für Kinder ab 5

Illustrationen von Dagmar Geisler

Loewe

FSC
www.fsc.org
MIX
Papier aus verantwortungsvollen Quellen
FSC® C018236

Klimaneutral
Druckprodukt
ClimatePartner.com/18521-2202-1001

ISBN 978-3-7855-7293-1
6. Auflage 2022
Überarbeitete Neuausgabe des Titels *Ich und meine Gefühle*

Text: Holde Kreul
Illustrationen: Dagmar Geisler
Umschlaggestaltung: Elke Kohlmann
Printed in the EU

www.loewe-verlag.de

Liebe Erwachsene,

Kinder wissen oft nicht, wie sie mit ihren Emotionen umgehen sollen. Sie orientieren sich an den Erwachsenen, die ihre Gefühle häufig verbergen.
Gefühle werden von außen sehr schnell bewertet, Wut und Eifersucht als negative Gefühle teilweise sogar bestraft. Dadurch erfahren Kinder, dass es sehr problematisch und unangenehm sein kann, wenn man seine Emotionen zeigt. Sie fangen an, diese zu überspielen und zu verdrängen, und schränken damit ihre Persönlichkeit ein.
Gefühle haben auch immer etwas mit einer Beziehung zu anderen Menschen zu tun. Kinder müssen deshalb ihre eigene Gefühlswelt kennenlernen, um auf andere reagieren zu können. Die eigenen Emotionen wahrzunehmen und verantwortungsvoll mit ihnen umzugehen, ist wichtig für das Zusammenleben. Inwieweit man seine Gefühle kontrolliert oder ihnen freien Lauf lässt, ist ein Lernprozess und ein Ausprobieren von Grenzen.
Dieses Buch lädt zum Gespräch ein. Es will Kindern die Möglichkeit geben, sich mit den eigenen Gefühlen auseinanderzusetzen, sich wiederzuerkennen und eigene Reaktionen zu überprüfen.
Es will aber auch Mut machen, zu allen Gefühlen zu stehen.

Holde Kreul

Kennst du deine eigenen Gefühle?

Es ist gut, dass ich
meine Gefühle kenne
und sie zeigen kann.
Wenn ich mich riesig
freue, kann ich laut
lachen und juchzen.

Wenn ich sauer und wütend bin,
kann ich toben und brüllen.

Wenn ich jemanden lieb habe, kann ich ihn umarmen und mit ihm schmusen.

Wenn ich traurig bin,
muss ich manchmal
weinen.

Wenn ich Angst habe, möchte ich mich am liebsten verkriechen.

Wenn ich neidisch
und eifersüchtig auf
jemanden bin, streiten
meine Gefühle in mir.
Ich bin enttäuscht und
gleichzeitig sauer.

Manchmal wird ein Gefühl stärker und stärker. Vor Angst werde ich ganz starr und traue mich nichts mehr. Dann ist es gut, wenn jemand meine Hand nimmt und mir Mut macht.

Manchmal stampfe ich vor Wut auch auf den Boden oder mache etwas kaputt. Dann darf mir niemand zu nahe kommen.

Wenn ich so zornig bin,
fühle ich mich selbst nicht
wohl und ich habe Angst, dass
mich keiner mehr mag. Aber die, die mich lieb haben,
mögen mich trotzdem. Denn auch ihnen geht es manchmal so.

Mit meinen Gefühlen kann ich anderen wehtun, vor allem, wenn ich wütend oder eifersüchtig bin. Aber wenn ich mich dann streite oder jemanden verletze, kann ich mich hinterher auch wieder mit ihm versöhnen. Manchmal fällt mir das schwer, weil ich mich schäme.

Wenn ich meine Gefühle zeige, bin ich damit nicht mehr allein.
Dann kann sich jemand mitfreuen.

Dann kann mich jemand trösten und
mit mir darüber reden.

Weil ich meine Gefühle kenne, kann ich oft auch die Gefühle von anderen verstehen. Es ist schön zu spüren, dass ich anderen helfen kann.

Ich kann aber auch sagen:
„Hör auf!“, wenn jemand
wütend um sich schlägt.

Ich will nicht immer
zeigen, was ich fühle.
Besonders nicht, wenn
ich Angst habe, ausgelacht zu werden
oder wenn ich nicht
ernst genommen
werde. Dann tue
ich so, als ob
nichts wäre.

Manchmal kann man sehen,
was ich fühle, auch wenn ich
das gar nicht will: weil ich mich
schäme und rot werde.

Weil ich Angst habe und zittere.

Wenn mein Herz ganz laut klopft, weil ich sehr aufgeregt bin, sieht das keiner. Das kann nur ich spüren.

Manchmal wollen mir andere
Gefühle wegreden. Sie sagen:
„Du alter Angsthase!“ – wenn ich mich fürchte.
„Stell dich nicht so an!“ – wenn ich traurig bin.
„Reiß dich zusammen!“ – wenn ich wütend bin.
Aber meine Gefühle sind trotzdem da.

Stell dich nicht so an!
Reiß dich zusammen!

Es gibt Tage, da purzeln meine Gefühle durcheinander. Mama und Papa schimpfen mit mir und ich bin sauer – aber ich habe sie trotzdem lieb.

Oder ich heule und weiß eigentlich nicht, warum. Dann ist es schön, wenn mich jemand in den Arm nimmt.

Wir haben jede Menge Gefühle. Einige sind schön, mit einigen ist es schwierig. Aber sie gehören alle zu uns – wie unsere Nase oder unsere Hände. Das ist ein schönes Gefühl.

Holde Kreul wurde 1944 in Stettin geboren. Sie studierte Psychologie und beschäftigt sich seither vor allem mit Kindern, die Probleme haben. Lange leitete sie eine Tagesstätte für Kinder mit seelischen Störungen. Heute hat sie eine eigene psychotherapeutische Praxis und arbeitet mit Kindern und Erwachsenen.

Dagmar Geisler studierte in Wiesbaden Grafikdesign. Direkt nach dem Studium begann sie, für verschiedene Verlage Bücher zu illustrieren. Das macht sie noch heute mit großer Begeisterung. Seit einiger Zeit denkt sie sich auch eigene Geschichten aus. Ob mit ihren Bildern oder ihren Texten – immer ist sie ganz nah an der Zielgruppe.